PÉTITION

DES HÉRITIERS DORÉ,

A LA CHAMBRE DES PAIRS ET A CELLE DES DÉPUTÉS DES DÉPARTEMENS.

———⸺◆⸺———

UNE famille digne de tout votre intérêt, et par la justice de sa cause et par les sentimens qu'elle professe, réclame votre généreuse et tutélaire intervention pour mettre enfin un terme à ses longues privations, et faire cesser une violation de propriété contre laquelle elle n'a cessé d'invoquer l'appui des lois et le secours de l'autorité.

Elle se présente avec des titres que la révolution elle-même a respectés dès 1791; que le Directoire exécutif a reconnus et consacrés par ses arrêtés; qui ont obtenu l'assentiment de l'administration des domaines, après l'examen le plus scrupuleux, et sur lesquels enfin, tout récemment, M. le comte de Floirac, préfet du département de l'Aisne, n'a pas hésité à donner un avis favorable.

Lorsque, dans ce long cours d'années, tant d'autorités diverses, divisées d'opinions et d'intérêts, sont d'accord sur un même point; lorsque nous pouvons nous prévaloir du suffrage d'un magistrat dans le cœur duquel la justice semble avoir choisi son sanctuaire (M. le comte de Floirac), pourrions-nous craindre que nos justes réclamations ne trouvassent pas accès auprès d'une Chambre que la nature même de son institution a chargée de protéger l'opprimé, et d'être la généreuse médiatrice entre la faiblesse et le pouvoir.

Sous un gouvernement spoliateur et tyrannique, on a pu regarder la propriété comme un droit chimérique, dont la puissance pouvait disposer à son gré, on a pu nous dépouiller par une décision ou un décret de deux lignes; mais il appartient à un gouvernement paternel de réparer les maux de la tyrannie, et de mettre un terme aux douleurs du malheureux.

La famille qui réclame en ce moment votre généreuse protection, a été indignement dépouillée d'une propriété que lui garantissaient toutes les lois. Elle l'a été dans un temps où elle ne pouvait se défendre. Elle est devenue victime de l'arbitraire et de la force. Veuillez, honorables députés, jeter un regard d'intérêt sur les faits suivans. Ils vous présenteront une longue série de jugemens et d'arrêts divers pendant plus de deux siècles ; mais nous croyons les avoir exposés avec assez d'ordre et de clarté pour ne point fatiguer votre attention.

En 1568, les religieux de l'abbaye de Foigny, diocèse de Laon, furent imposés à une somme de 3000 fr., pour subvenir aux besoins de l'Etat dans la guerre contre les réformés.

Quelque modique que puisse sembler aujourd'hui cette contribution, elle parut alors si considérable que, pour y subvenir, les religieux furent autorisés à constituer des rentes sur leur temporel, faire de longs baux, vendre de l'argenterie, aliéner des biens avec faculté de rachat.

Les religieux firent donc annoncer qu'ils étaient dans la disposition d'accorder de longs baux, ou même des ventes à remeré de quelques-unes des censes ou métairies dépendantes de leur abbaye.

Le sieur Doré, riche maître de forges, à Eparcy, était alors fermier emphytéotique, pour moitié, de la cense ou métairie de ce lieu, dépendante de l'abbaye de Foigny.

Il avait de plus un septième de l'autre moitié, la ferme entière étant divisée en quatorze parts. Son bail lui concédait la faculté d'établir une usine à blé sur la rivière d'Eparcy, et de mettre les étangs en nature de prés. On lui avait en outre aliéné trois parts sur cinq du moulin de Landouzy-Laville, et déjà il était propriétaire de deux cinquièmes, par transport de feu Remy Noël.

Tous ces biens étaient en mauvais état : les bâtimens étaient ruinés par l'effet des guerres civiles qui ravageaient la France. Pour les remettre en valeur, Nicolas Doré demanda aux religieux de lui passer à lui et à ses successeurs, fermiers emphytéotes, un bail à *surcens* perpétuel des huit quatorzièmes de la métairie d'Eparcy et dépendances, à la charge de rendre et payer chaque année, à la Saint-Martin d'hiver, 150 livres, onze muids de blé, etc.

Les religieux assemblés en chapitre ayant délibéré, le bail à *surcens* lui fut accordé le 15 mars 1569, pour lui et ses ayant-cause, à perpétuité, et sans que jamais aucun des successeurs desdits religieux pût troubler, contredire ou contraindre, en quoi que ce soit, ledit Doré.

On ajouta aux conditions ci-dessus qu'il paierait comptant, et dans le jour même, la somme de 250 fr., pour servir à former celle de 3000 fr. de subvention à laquelle l'abbaye était imposée.

On stipula néanmoins que, dans le cas où le roi, par un édit particulier, autoriserait les religieux à rentrer dans leurs biens, ils ne pourraient le faire qu'au préalable ils n'eussent remboursé d'abord les 250 fr. versés par Nicolas Doré, et ensuite la valeur de toutes les améliorations qu'il aurait pu faire, et que, dans ce cas même, les baux emphytéotiques seraient maintenus, et que leur jouissance recommencerait à dater du jour même du remboursement.

Doré jouit sans trouble, durant de longues années, des biens dont il était devenu possesseur, y fit des améliorations considérables, et les transmit en paix à ses héritiers, les autres parts de la cense d'Éparcy étant tenues par les nommés Aubin.

Mais en 1630, c'est-à-dire soixante-un ans après, l'abbé de Foigny et ses religieux conçurent le projet de rentrer dans la totalité de cette métairie. Un fait constant, c'est qu'alors les Aubin, détenteurs des six autres parts de cette cense, étaient parvenus à s'emparer du tout. Dans ces temps de trouble, ces sortes d'usurpations n'étaient pas rares, et les propriétés étaient loin d'avoir, dans les lois, la garantie qu'elles ont aujourd'hui. Comment les Aubin consommèrent-ils leur usurpation ?

On l'ignore. Mais il paraît qu'ils ne remplirent ni leurs engagemens ni ceux qu'avait contractés Nicolas Doré.

Sur la demande de l'abbé de Foigny, il intervint un arrêt du mois de juillet 1633, confirmé par arrêt subséquent, qui laissa à cet abbé l'option de rentrer en possession des huit parts provenant de Nicolas Doré, à la charge, 1° de rembourser les fruits, dépenses et améliorations; 2° d'exécuter les baux emphythéotiques dont la date ne commencerait à courir que du jour du remboursement; 3° d'en laisser la jouissance aux héritiers Doré.

Cette dernière clause, dictée par la justice, occasionna une vive contestation entre Catherine de Camp, héritière de Doré, et les Aubin, qui prétendirent conserver leur usurpation. Il fallut donc plaider, et l'on plaida jusqu'en 1636. Alors il intervint un arrêt le 26 juillet de la même année, qui condamna les héritier Aubin à se dessaisir de la possession des huit parts appartenant à Doré, à les remettre aux héritiers de ce dernier, à la réserve toutefois des héritages qu'ils justifieraient leur avoir été vendus par Nicolas Doré, le tout avec restitution de fruits indûment perçus.

Mais en même temps l'arrêt du 9 juillet 1633

fut déclaré commun, tant aux héritiers Doré qu'aux héritiers Aubin. Il enjoignit à l'abbé de Foigny, dans le cas où il voudrait rentrer dans la cense d'Eparcy, de rembourser préalablement aux héritiers Doré, 1° les 250 fr. par eux payés à l'abbaye; 2° toutes les dépenses, augmentations et améliorations faites par eux, et dont le montant fut évalué à la somme de 46,000 fr.

L'abbé de Foigny ne s'étant pas prévalu des avantages que lui donnaient les arrêts de 1635 et 1636, les héritiers Doré ne songèrent plus qu'à se remettre en possession des parties de la cense usurpées par les Aubin.

Mais cette prise de possession ne fut point sans orage. Les Aubin opposèrent la force au bon droit, et firent résistance. On rend plainte; et les violences ayant continué, un arrêt de 1648 ordonna qu'il serait informé par addition.

Sur ces entrefaites, un sieur Demarolles, fermier-général de l'abbaye de Foigny, prête-nom des religieux, fit saisir les six parts des héritiers Aubin, pour défaut de paiement. L'abbé de Foigny fut mis en cause; et de son côté, Antoine Godefroy, tuteur d'Arnould Godefroy, fils et héritier de Catherine Decamp, intervint pour empêcher que l'on ne comp-

dans la saisie réelle, les huit parts appartenant à son pupille. Un arrêt du 16 février 1665 confirma l'arrêt de 1636, qui ordonnait la distraction des huit parts appartenant aux héritiers Doré.

Ainsi, trois arrêts consécutifs assuraient aux Doré la possession légitime des huit parts qui leur avaient été légalement concédées.

Il convient de s'arrêter ici ; car ces arrêts font la base des justes réclamations des héritiers Doré, et doivent servir dorénavant à fixer leurs droits.

Le sieur Demarolles étant mort, sa veuve se fit adjuger la portion de la cense tenue par les Aubin, ceux-ci n'ayant point encore cédé aux arrêts qui les condamnaient. Il était à craindre que cette veuve ne voulût étendre ses prétentions plus loin, et confondre avec la portion des Aubin, celle des héritiers Doré. Arnould Godefroy, devenu majeur, fit les actes conservatoires qu'exigeaient ses intérêts; et le 23 juillet 1669, il obtint un arrêt confirmatif des trois arrêts précédens, lequel déclare ceux-ci exécutoires, condamne les Aubin à restituer les huit parts dont il s'agit, ensemble les fruits qui en provenaient depuis 1634, jusqu'à l'époque où ils avaient abandonné leurs parts à l'abbaye.

L'arrêt portait encore que déduction serait faite des cens et rentes que les Aubin pourraient avoir payés pour les héritiers Doré, et que la liquidation en serait faite devant le plus prochain juge royal. C'était alors celui de Ribemont.

Avant que cette liquidation fût achevée, Arnould Godefroy mourut, laissant un fils mineur, et sept ans s'écoulèrent sans que la liquidation fût plus avancée. On la reprit en 1686. Un arrêt obtenu en 1698, confirma de nouveau tous ceux qui avaient été rendus en faveur des Godefroy, sous la réserve, néanmoins, de déduire du montant des fruits et revenus à restituer, les sommes que l'on justifierait avoir été payées en l'acquit du sieur Godefroy. Les parties furent renvoyées devant le lieutenant-général du bailliage de Soissons, à l'effet d'y établir la liquidation des sommes reçues.

Mais cette liquidation, loin d'être faite avec la célérité qu'exigeaient les intérêts des parties renvoyées en possession, fut encore retardée par mille incidens que leur suscita la partie adverse, et l'on fut réduit à plaider infructueusement, devant le tribunal de Soissons, jusqu'en 1731 : exemple incroyable de ce que peuvent la chicane et la mauvaise foi dans le sanctuaire des lois.

Au milieu de ces interminables difficultés, et tandis que les parties luttaient obstinément entre elles, survint *un tiers larron* (qu'on nous pardonne cette expression du bon La Fontaine). Les héritiers du sieur de Marolles, fermier-général de l'abbaye de Foigny, profitèrent de la minorité successive des héritiers Doré, pour s'emparer, sans forme de procès, de la cense d'Éparcy.

Ils n'étaient, dans cette affaire, que les prête-noms des religieux. Ceux-ci obtinrent, en l'absence des parties intéressées, un arrêt du conseil qui, au mépris des titres les plus légitimes et les plus sacrés, au préjudice des baux à *surcens*, les envoya en possession de la cense.

Dès ce moment, ils la réunirent aux autres biens de leur abbaye. Cette nouvelle usurpation eut lieu à l'époque déjà citée, en 1731, et dura jusqu'en 1768. Il est rare de trouver dans les annales du barreau, une série aussi constante, aussi nombreuse, de violations de tous les droits, d'usurpations aussi opiniâtres, d'atteintes aussi extraordinaires au droit de propriété. Il était urgent pour les Godefroy de se pourvoir contre tant d'iniquités. L'un d'eux, Jean-Charles Godefroy, réclama contre elles, en formant opposition entre les mains des fermiers de la cense, et fit au mois de février 1769, assigner l'abbé, le prieur, les religieux et le procureur de l'abbaye de Foigny, au bailliage de Guise, pour avoir à représenter les titres en vertu desquels ils jouissaient de cette cense. Il requit en même temps les fermiers d'affirmer ce qu'ils en rendaient annuellement, à peine d'être condamnés solidairement à 30,000 francs de dommages et intérêts.

Mais les religieux mis en cause, obtinrent, le 3 juin de la même année, une autre sentence qui appointa les parties, et par provision, ayant égard à la possession de fait des religieux, sans néanmoins rien préjuger, leur donna main-levée de l'opposition formée par Charles Godefroy, sous la garantie des revenus temporels de l'abbaye, tous dépens, dommages et intérêts réservés.

Godefroy, fort de la justice de sa cause, ne se découragea point. Il fit, le 9 novembre 1769, sommer l'abbé et les religieux de Foigny, de justifier du temps de leur jouissance par le plus ancien de leurs baux, depuis l'arrêt du 23 juillet 1669 et autres titres. Il demanda en même temps d'être envoyé en possession des six parts tenues précédemment par les Aubin, pour le prix de 25,000 francs, à compte sur la provision de 30,000 francs qu'il avait requise par acte précédent. Il fit offre en même temps de payer la redevance stipulée par le bail perpétuel à *surcens*, qu'il tenait de l'abbaye depuis 1569.

Son activité ne se borna point à ces poursuites. Le 26 juillet 1770, il forma opposition à la sentence du 5 juin 1769, qui maintenait provisoirement les religieux, et leur donnait main-levée de son opposition, et persista dans la demande qu'il avait faite d'une provision de 30,000 francs.

L'abbé et les religieux, plus puissans que Godefroy, usèrent de l'ascendant que donnent la richesse et le crédit, pour arrêter les poursuites de Godefroy. Le 28 du même mois, ils présentèrent une requête tendant à faire débouter leur adversaire de ses oppositions et de ses demandes avec dépens; et le même jour, il intervint un jugement qui, joignant le provisoire au fonds, ordonna à l'abbé et à ses religieux de faire leurs diligences, dans l'espace de deux mois, pour faire juger le fonds, à peine de 3000 francs de dommages et intérêts envers Godefroy.

Celui-ci, pour sûreté de cette somme, fit saisir entre les mains des fermiers, les revenus de l'abbaye. Les choses étaient en cet état, lorsque le 12 novembre 1771, il intervint sentence définitive, par forclusion et contradictoirement avec les héritiers Demarolles, par laquelle ceux-ci furent déboutés de leur intervention, faute d'avoir établi leurs qualités et justifié de leurs titres. Quant à Godefroy, il fut déclaré non recevable dans sa demande ; main-levée définitive de ses oppositions fut donnée aux religieux, et ceux-ci maintenus dans leur prétendue possession immémoriale, faute, par le sieur Godefroy, d'avoir formé tierce opposition à l'arrêt du grand conseil de 1731.

Et néanmoins il resta autorisé : 1° à justifier des arrêts de la Cour des 9 juillet 1669, 18 juillet 1686, 29 juillet 1687, 8 octobre 1688, 18 juillet 1698 (lesquels établissaient irrévocablement ses droits) ; 2° à poursuivre, au bailliage de Soissons, la liquidation des droits qui pouvaient lui appartenir comme représentant Antoine et Arnould Godefroy, conformément à l'arrêt du 18 juillet 1698, si mieux il n'aimait obtenir arrêt qui renvoyât cette liquidation au bailliage de Guise.

Cette sentence était trop préjudiciable à J. Charles Godefroy pour ne pas l'attaquer. Il ne se dissimulait pas que dans la lutte où il était engagé, tout le désavantage était de son côté. Il avait affaire à des adversaires puissans. S'il essayait de faire exécuter, par les voies juridiques, les jugemens prononcés en sa faveur, on opposait la force au droit. Il y eut rébellion, le 5 novembre 1771; on en dressa procès-verbal, pour constater l'opposition de l'abbaye. Le combat était donc très-inégal. Cependant, toujours décidé à vaincre ses adversaires par l'ascendant de ses droits et son invincible persévérance, J.-Charles Godefroy interjeta appel, le 13 décembre, de la sentence du 12 novembre précédent; et le 19 mars 1772, il intervint arrêt qui ordonna que les parties instruiraient par écrit, suivant le règlement.

Les parties respectives ayant satisfait à cette décision, J.-Charles Godefroy entrevit alors l'espoir de mettre enfin un terme à un déni de justice qui venait de traverser près de deux siècles.

Mais il ne connaissait pas les ressources qu'offrent à la mauvaise foi ces honteux artifices qu'on a flétris du nom de *chicane*, et qui devraient être éternellement bannis du sanctuaire de la justice. Les religieux employèrent tout leur crédit pour se perpétuer dans leur injuste possession. On voit en 1775 et 1776, J.-Charles Godefroy lutter avec le même zèle, renouveler les actes conservatoires, et ne rien négliger pour le triomphe de sa cause. Mais tout son zèle ne put vaincre les obstacles qu'on lui opposa, et nul arrêt n'avait encore terminé cet éternel procès, lorsqu'un nouvel ordre de choses succéda à l'ancien.

Les parlemens n'existaient plus. Les biens des communautés religieuses étaient mis à la disposition de la nation, pour être vendus. Godefroy était menacé de voir passer en des mains étrangères le gage de sa créance. Il ne négligea rien pour assurer ses droits; il mit opposition à la vente des domaines d'Eparcy; et l'administration du district ayant passé outre, il se pourvut devant le directoire du département de l'Aisne.

Réclamer la propriété d'un bien aliéné comme national, c'était, à cette époque, soutenir une cause bien périlleuse. Godefroy ne s'en effraya pas; il exposa ses droits avec tant de clarté, que le directoire ordonna un rapport; et après une mûre délibération, il adopta les conclusions du rapporteur, ainsi conçues :

« Le directoire du département de l'Aisne,
« vu toutes les pièces de la réclamation des
« représentans de Nicolas Doré, propriétaire
« à surcens, par bail du 15 mars 1569, de la
« cense d'Eparcy et du moulin de Landouzy-

« Laville; ouï son procureur-général syndic,
« est d'avis que le tout, ensemble le rapport à
« lui fait, soit adressé au comité d'aliénation,
« pour obtenir du Corps législatif le décret
« souverain (et que le directoire regarde
« comme de justice) qui réintègre les ayant-
« cause de Nicolas Doré dans la propriété des
« objets portés dans son bail à *surcens*, à la
« charge de la même redevance envers la na-
« tion, sauf, dans le cas où la vente du bien
« rendrait ce moyen impraticable, à fixer aux-
« dits héritiers telle somme d'indemnités qui,
« jointe à celle provenant de la non jouissance
« des fruits, acquitterait la nation, à qui les
« biens appartiennent actuellement, envers le
« pétionnaire. »

Cette décision administrative est du 7 juin 1791; on y trouve les noms de MM. Quinette et J. de Bry, qu'on n'accusera pas d'indifférence pour les intérêts de la nation.

Cependant, plusieurs années se passèrent encore avant que le Corps législatif prononçât sur la juste réclamation des héritiers de Nicolas Doré. Enfin, le 26 brumaire an VI, après un rapport où l'affaire était exposée dans tous ses détails, le Corps législatif, frappé de la justice et de la clarté des moyens exposés par ces héritiers, renvoya la cause au Directoire exécutif. Elle y fut examinée de nouveau ; et sur les conclusions du ministre de la justice, le gouvernement adressa toutes les pièces à l'administration du département de l'Aisne, pour avoir son avis.

Cet avis fut conforme à l'arrêté du directoire du département, en date du 7 juin 1791, et confirma tous les droits de Godefroy. Il était difficile de se présenter avec des titres plus authentiques et plus favorables. Godefroy s'adressa au ministre des finances pour obtenir la liquidation des sommes provenant de la vente des biens qui lui appartenaient, et que la république avait aliénés.

Sa pétition fut accueillie, et le ministre chargea l'administration des domaines de procéder à cette liquidation. Elle fut faite avec tout le soin que les domaines ont coutume d'apporter quand il s'agit de restitution. Enfin, après toutes les formalités remplies, les héritiers Doré furent reconnus créanciers de l'Etat pour une somme de 220,650 fr. en assignats, laquelle réduite en numéraire, à l'époque de la vente, formait celle de 172,653 fr. 50 c., ou 8,632 fr. 67 c. en rente sur l'Etat, à cinq pour cent.

Les héritiers Doré étaient néanmoins chargés d'acquitter envers l'Etat le montant du *surcens* stipulé par le bail du 15 mars 1569, si mieux n'aimaient que la déduction en fût faite sur le capital dont le domaine se reconnaissait débiteur envers eux.

Qui pourrait maintenant se persuader qu'une créance aussi légitime, reconnue dans tous les temps, avant la révolution, pendant la révolution, après la révolution, ne soit cependant point encore acquittée! Quels titres faudra-t-il présenter désormais pour établir ses droits? Des arrêts? nous en produisons huit. Des décisions administratives? les autorités ont sous les yeux celles de l'administration du département de l'Aisne, à des époques différentes et éloignées. La sanction du gouvernement? nous avons celle du Directoire exécutif. Un compte légal? voici celui de l'administration du domaine. Un avis du préfet? nous n'avons point le texte de celui de M. le comte de Floirac, préfet de l'Aisne, parce qu'il ne nous a pas été possible de nous le procurer ni dans les bureaux de l'administration de la préfecture, ni dans ceux du ministère des finances; mais voici la lettre qu'il a fait, à l'un de nous, l'honneur de lui écrire :

« Laon, 10 octobre 1823.

« J'ai l'honneur de vous prévenir, monsieur,

« que j'adresse par le courrier de ce jour, *avec*
« *mon avis favorable*, à Son Excellence le
« ministre secrétaire d'Etat des finances, la
« demande que vous avez formée, au nom des
« héritiers Nicolas Doré, en remise de biens
« provenant de la ci-devant abbaye de Foigny,
« et en indemnités pour les biens de la même
« origine aliénés par l'Etat.

« Recevez, monsieur, l'assurance, etc.

« Signé *le Préfet*, comte DE FLOIRAC. »

Nous savons, honorables députés, qu'il n'est pas de titre si bien établi qu'on ne puisse contester : la longue série de procédures que nous venons de vous exposer, suffit pour le prouver. Mais n'est-il pas de terme aux injustices des hommes comme à toute autre chose ? et sous le gouvernement d'un Roi vertueux et juste, serions-nous encore réduits à disputer l'héritage qu'on nous a ravi ? Sans doute on peut, on doit même, pour l'intérêt de l'Etat, nous opposer tout ce qui peut sembler contraire à la justice de nos réclamations. Mais telle est la force de nos moyens, qu'il n'est pas un doute que nous ne soyions prêts à éclaircir; pas une objection que nous ne soyions prêts à résoudre. Nous désirons, nous voulons que la religion du ministre soit éclairée; mais pour l'éclairer, il faut que nous puissions être entendus, ou il faut que les pièces qui peuvent servir à répandre la lumière sur notre cause ne puissent pas interdites. Toutes les portes de l'autorité administrative, comme celles de l'autorité judiciaire, doivent s'ouvrir devant l'opprimé qui demande justice.

Honorables députés, les vôtres ne sont jamais fermées. La prière est moins timide quand elle approche du sanctuaire de vos délibérations : la nôtre se réduit à vous supplier de recommander la justice de notre cause au pouvoir qui doit en décider.

Tout ce qui appartenait à la cense d'Eparcy n'est point vendu : l'État jouit de plusieurs arpens de bois qui nous appartiennent. L'État n'opprime point, il protége. C'est ce principe sacré que nous invoquons auprès de lui.

Nous sommes avec un profond respect,

DE LA CHAMBRE,

Les très-humbles et très-obéissans serviteurs,

Charles-François-Marie GODEFROY, Joseph-Ange GODEFROY, Amand GODEFROY, Adélaïde GODEFROY,

héritiers en ligne directe de Nicolas Dorc.

Paris, 14 mai 1824.

IMPRIMERIE DE J. G. DENTU,
rue des Petits-Augustins, n° 5.

www.ingramcontent.com/pod-product-compliance
Lightning Source LLC
Chambersburg PA
CBHW071435060426
42450CB00009BA/2188